池田大作
SGI会長

Groundbreaking
"Dialogues for Tomorrow"

平和への対話

潮出版社

目次

取材・文／鳥飼新市
装幀／森坂芳友（デザインスタジオ サウスベンド）
写真／Seikyo Shimbun

プロローグ

新しき世紀を人間の尊厳が最大に守られる「平和と希望の世紀」に。
二度と母と子を悲しませない時代を築こう――。
この池田SGI会長の強き意志は、揺るぎなき平和創出の大潮流となった。
SGI会長は、語る。
「私がライフワークとして『平和の行動』を
選択するに至った最大の理由は戦争の原体験にあります」と。
17歳で日本の敗戦を迎えたSGI会長は、
まさに戦争が〝日常〟だった時代に少年期を過ごしてきた。
空襲の恐怖、長兄の戦死、母の慟哭《どうこく》……。
戦争の原体験は、少年の心に平和への熱望を根づかせた。
やがて、それは、仏法との出合いによって不動の哲学となった。

©Seikyo Shimbun

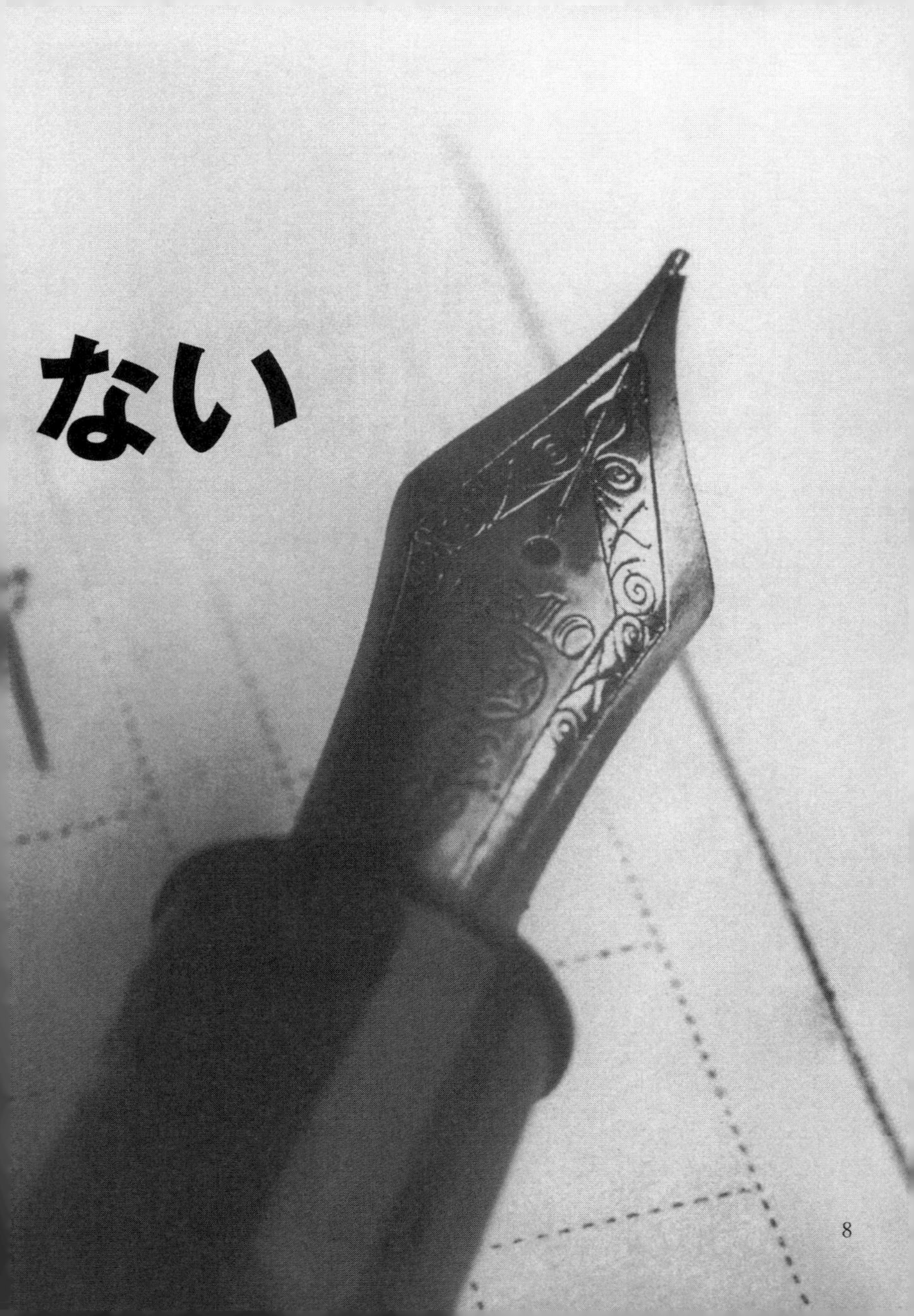
ない

戦争ほど残酷なものは

第2次世界大戦後、世界は大きく2つに分かれた。
アメリカを盟主とする自由主義陣営と
ソビエト連邦（当時）を盟主とする社会主義陣営である。
この2つの陣営の対立は「冷たい戦争」、
すなわち冷戦と呼ばれ、1991年のソ連の崩壊までつづいた。
冷戦のひとつの象徴が、ベトナム戦争だった。
泥沼化する戦いのなかで、ついに米軍は、
北ベトナムへの空爆（北爆）を開始した。
その爆撃機は、沖縄の米軍基地から飛び立っていったのだった。
人類は、戦争という愚劣な行為をやめることはできないのだろうか。
いや断じてそんなことはない。そのひとつの回答を示すために、
冷戦時代の真っただ中で、小説『人間革命』は書きはじめられた。

沖縄から幸福と平和の波を

「残酷だな。あまりにも残酷だ……」

沖縄・南部戦跡。米軍の黄燐弾《おうりんだん》などによって、一瞬に40数人の〝ひめゆり部隊（従軍看護女学生）〟の少女たちの命が消えた壕の前で、池田ＳＧＩ会長は思わず声をもらした。

それは、あの大戦で非業の死をとげたすべての人たちへの同苦の感慨に違いなかった。そして二度とこのような悲劇を起こしてはならないという世界不戦への静かな、だが深い決意の叫びでもあった。

愚かな戦争を遂行するために、当時の軍部政府は、初代会長・牧口常三郎を獄死に追いやり、恩師・戸田城聖に2年もの獄中生活を強《し》いた。悲惨な戦争の爪痕にたたずみ、ＳＧＩ会長は戦争の残酷さを思うと同時に、民衆を切り捨てる権力への怒りに打ち震えるのだった。

このとき、小説『人間革命』の筆を起こすのは沖縄しかないと思った。

１９６０（昭和35）年７月、はじめての沖縄訪問でのことだった。沖縄は、太平洋戦争末期に本土防衛の〝捨て石〟にされた島だ。住民を巻き込んだ凄惨《せいさん》な地上戦を経験し、住民の４人に１人が犠牲になった。

第３代会長に就任して２か月、まだパスポートが必要だった沖縄を訪れたのは、〝最も苦しんだところが、最も幸せにならなければならない〟という思いからだった。

以来、沖縄への激励行を繰り返し、４度目の訪問となる１９６４（昭和39）年12月。旧沖縄本部２階の和室で小説『人間革命』の筆を執った。

それは、戦争の辛酸をなめ、人びとが苦悩してきたこの地から、幸福と平和の波を起こしていこうという強い一念の表れだった。

小説『人間革命』は、恩師・戸田城聖の生涯と広宣流布（仏法流布）の広がりをつづった物語である。同時に、師弟不二の闘いを未来に刻印する書であり、名もない数多くの民衆の人間変革の記録であった。その意味で「最も根源的な、人類の幸福と平和を建設しゆく物語」だといえる。

その冒頭の一節には、こうある。

「戦争ほど、残酷なものはない。

戦争ほど、悲惨なものはない」——

これこそが、戦争という愚行に対するSGI会長のまぎれもない実感だった。

この言葉には、獄を出て焼け野原の東京を目にした戸田の民衆をいたむ心の叫びとともに、〝戦争の子ども〟として生きた自分自身の戦争体験が凝縮されていた。

戦争ほど残酷なものはない
戦争ほど悲惨なものはない

「戦争ほど 残酷なものはない 戦争ほど 悲惨なものはない」
小説『人間革命』の有名な冒頭の一節に反戦への思いを留めた自筆の屏風

働き者の優しい母

池田SGI会長は、いまの羽田空港に近い大田区の海べりの町・糀谷《こうじや》で育った。

1928(昭和3)年1月2日、江戸時代からつづく海苔《のり》製造業の家に、男7人女1人の8人兄弟の5男として生まれた。池田本家は、代々、浅草海苔の養殖を生業《なりわい》とし、大森一帯では屈指の規模で海苔製造業を営んでいた。

父は子之吉《ねのきち》、母は一《いち》。

少年時代、SGI会長のまわりには、いつも潮の香や波の音があふれていた。糀谷の広い屋敷も豊かな緑でいっぱいだった。自然の中で、友達ともよく遊んだ。

快活で、働き者の母は、めったに怒ることはなかった。友達と、庭の海苔干し場で暴れていても自由にさせてくれた。

敷地内の畑で自家用の野菜をつくり、鶏を飼い、漬物や味噌も自分でつくっていた。家族のなかでいちばん早く起き、遅く寝て、カゼをひいても働くことをやめなかった。

「他人《ひと》さまに迷惑はかけてはいけないよ」

「嘘はついてはいけない」

「自分で決めたことは、最後までやるんだよ」

この3つのことを言いきかせる以外は、やかましいことは言わず、どの子にも同じように接し、遠くから慈愛のこもった目で子どもたちを見守っていた。近所の友達たちが、

「大ちゃんのお母さんは、優しいんだなあ」

と、感心するような人だった。

家で飼っている鶏は毎日1個ずつ卵を産んだ。その卵は、子どもたちが順に食べることになっていた。大家族なので、なかなか順番がまわってこない。ところがある日、鶏小屋に行くと、鶏が卵を4個も産んでいたのだ。

「今日は卵が食べられる」と、小さな子どもたちは手をたたいて喜んだ。

母は、その嬉しそうな様子を黙って見ていた。子どもたちを喜ばせようと、買っておいた卵を朝早く鶏小屋に入れた母の機知だった。

あるとき、子どもたちみんなとスイカを割って食べようということになった。母が子どもたちの数に合わせて、均等にスイカを切った。

あっという間に自分の分を食べてしまったひとりが、

「お母さんはスイカがきらいだったよね。ぼくにおくれ」

そう言いながら、残った一切れに手を出そうとした。母は、

「お母さん、スイカ好きになったんだよ」

と言って、その場にいなかった子どもの分を確保したのだ。

少年は、そのとき母の子どもたちに対する公平な愛情を感じて心が熱く

母・一さんを背負う池田SGI会長（1975年）。
一さんの表情からは、息子の思いや気遣いを心から喜ぶ母親の慈愛が伝わってくるようだ

©Seikyo Shimbun

なった。

　こんなこともあった。

　戦争の末期。空襲の後、高射砲《こうしゃほう》で撃ち落とされた米兵が、家の近くにパラシュートで降りてきたのだ。憲兵に引き連れられていく少年のような兵士の様子を聞いた母は、

「かわいそうだね。その子のお母さんは、どんな気持ちでいるだろうね」

と、心から心配した。そんな、裏表のない慈悲深い母だった。

　少年は、そうした母の自然な姿から、人生に大切なものを知らず知らず学んでいったのだった。

信念に生きた寡黙な父

　父は、１８０センチほども背丈のある偉丈夫《いじょうふ》だった。寡黙《かもく》ながら、いつ

も平静で、自らの信念にしたがって正しいと思うことはどこまでも貫き通した。一本気で頑固だが、お人よしで面倒見がよく、他人の世話もよくした。

そんな父のことを、まわりの人たちは、

「強情さま」

と呼び、一目置《いちもく》いていた。

屋敷の広い庭には、大きな池もあった。少年が尋常小学校2年生のころのことだった。トンボ捕りに夢中になって、その池に落ちたのだ。

大人でも背が立たない池だ。もがけばもがくほど体が沈んでいく。大声を出して助けを呼ぼうとすると水を飲む。呼吸が苦しくなって、もうダメかと思ったとき、体がスーッと浮き上がった。父の太い腕が、両わきに差し込まれたのだった。少年は、夢中で父の腕にしがみついた。

それから2、3日たった後、父は「どうだ、もう大丈夫か」と言ったきり、「池のそばで遊ぶな」とか「危ないから気をつけろ」などと小言めいたことは、ひとことも言わなかった。

少年の心に、父の強さが根づいた。

父は、若いころ兵隊にとられ、一時期、現在のソウルにいたことがあった。人道的な考えをもっていて、

「どうして日本人はこんなにもいばりくさって、傲慢《ごうまん》なんだ。あんないい人たちをいじめて、いじめて、いじめぬいて、何という国か！」

と、ときに朝鮮の人びとに対する日本人の態度に憤慨《ふんがい》することがあった。当時、多くの日本人にあった植民地の民族に対する差別意識を許せなかったのだろう。正義感の強い父はまた、思いやり深い人物でもあった。

たまに父は、「漢城《ソウル》の夜景は、世界一だよ」などと、少年に話すことがあっ

た。そして、いくつか韓国の言葉を教えてくれたりした。

少年は、その夜景を毎日見ている同じ年ごろの子どもたちの生活を想像した。あの地にもこの地にも人が住む、世界の広さを知った。

父は、北海道開拓という大きな夢ももっていた。

実際に、池田家では釧路の西に広がるチャロ原野（現　白糠町）に土地を取得し、開拓事業をはじめていたのだ。だが、関東大震災によって海岸が隆起し、その影響で打撃を受けた海苔養殖業を立て直すために、少年が生まれたころにはその土地を手放していた。

「いい馬がいてな。原野の一本道を、人馬一体で行くんだ……」

父は、たまに北海道の開拓の様子を思い出しては懐かしそうに語ることがあった。真っ白い雪の原野を進む馬に乗った父――少年の想像の翼は、ますます大きく広がるのだった。

爛漫と咲かせたい

わが心に桜花を

厳しい冬、桜は、次の春に爛漫と花を咲かせるため
人知れず一心に色素をわが身にためる。
その姿は、苦悩のときを乗り切り、
幸福の境涯を開く人生と重なる。
桜こそ、人生勝利の象徴である。
いまはたとえ苦しくとも、
挫《くじ》けずに一家を支えていこう。
やがてくる春を確信しながら、
少年は病弱な体をおして働き、学んだ。

ざくろの実と桜の木

少年は、尋常小学校に上がる前、突然、高熱を出し寝込んだことがあった。肺炎だった。

呼吸をすることさえ苦しく、体中に熱特有の鈍い痛みが広がっていった。母は何日も寝ずに看病をしてくれた。ようやく熱が下がったころ、枕元でこんな話をした。

「庭のざくろをごらん。ざくろは潮風と砂地には弱いというのに、花を咲かせ、毎年、実をつけている。いまは弱くても、お前もあのざくろのように、きっと丈夫になるんだよ」

母の精いっぱいの励ましだった。

おりにつけ、母は、花や風や大空の光などを通して、自然の大きさ、生命の広がりを感じさせるような話をしてくれた。また、少しでも強い子にと、潮風のなかで思いっきり遊ばせてくれてもいた。

深い母の愛を五体で感じながらも、少年は自分の病弱さを自覚せずにはいられなかった。

急に熱が出たり、夜、寝汗をびっしょりかくことが多くなっていた。そんなとき、漠然と〝人間は死んだらどうなるんだろう〟と考えた。

少年にとって、死は、身近にあった。

それゆえに「生命とは何か」「人はどう生きるべきなのか」という研ぎすまされた問いを、いつも抱えていた。その答えを探すかのように読書に興味を覚えていった。

だが、両親や兄弟、友達の前では、いつも明るく元気に振る舞っていた。少年にも〝強情さま〟の血が流れていたのだった。

広い庭には桜の木も1本植わっていた。少年は桜の花が大好きだった。

少年は羽田第二尋常小学校に入学した。小学校で手にした国語の教科書は「サクラ読本」といわれるものだ。少年は、「サイタ　サイタ　サクラガ　サイタ」という冒頭の句に、ますます庭にあった1本の桜の木への愛着を深めていった。

気分の優《すぐ》れない日には、桜の花を見ながら、〝日本中の駅に桜を植えたいな〟と夢想したりした。

〝あの駅にも、この駅にも、春爛漫と、桜の花を咲かせたならば、人びとの心は、どれほど晴れやかになるだろうか――〟

少年は、豊かな感受性と健康な詩心をもっていた。さらに、病弱ゆえの透き徹《とお》るような内省力も身につけていた。

尋常小学校の1年生のときの担任は、若くて優しい女の先生だった。

あるつづり方（作文）の時間。何を書こうかと考えているとき、少年は、入学したころに教室の窓から見えていた、高い桜の木の満開の花を思い出した。

〝きれいだったな〟

そう思うと、そのときの桜の花の美しさを、見たとおり、感じたとおりに描き、桜の木に対する自分の気持ちもつづっていった。

先生は、その作文がとてもよくできていると校長先生に推薦《すいせん》してくれたのだ。選ばれたのは、全校で２人。みんなの前で、校長先生がほめてくれたのだった。

少年は、本を読むことや文章を書くことが、ますます大好きになっていった。

貧乏の横綱

世界を史上最悪といわれる経済恐慌が襲っていた。日本は、深刻な恐慌不況から脱出する道を満州（現在の中国東北部）の植民地化に求めた。少年の幼年期は、まさに日本が軍国主義へとひた走る時期と重なっていた。

１９３１（昭和６）年の満州事変を皮きりに、１９３２（昭和７）年の五・一五事件、１９３６（昭和11）年の二・二六事件などの軍事クーデター事件を足がかりにして軍部は発言権を強め、１９３７（昭和12）年には中国との全面戦争に突入するのだった。

国家全体が戦時体制へと移行するなかで、海苔製造業も統制経済のあおりを受けていく。

そんなとき、父がリウマチで臥せるようになったのだ。いちばんの働き

1936年2月26日。
陸軍青年将校たちのクーデターによって首都東京に戒厳令がしかれた。
事件は未遂に終わったが、これを機に日本の軍国化は進んだ手が漁に出られない痛手は大きく、家業はいっぺんに傾いていった。

少年は、まだ尋常小学校の2年生だった。

父は「塩をなめても他人の援助は受けるな！」と言う。父の気持ちをよく知っている母は、苦しくなる一方の家計を、

「うちは貧乏の横綱だ」

と、明るく言い放ちながら必死に支えた。

海苔の採取は、真冬の仕事だ。しかも夜中の2時、3時からはじまる。母は以前にもまして働きづめになった。それでも、子どもたちの下駄の鼻緒すら買えず、古布を裂いて編んでやるような生活がつづいた。兄弟たちはみんな家業を手伝った。

秋、9月半ばになると、海苔の養殖業者はいっせいに「ヒビ」と呼ばれる竹の棒を海に立てていく。そのヒビのまわりに海苔が育っていくのだ。

いつも学校から帰ると、みんな大わらわでヒビを舟に積んでいる。ある日、少年は、自分もなんとか手伝いをしたいと思って、こっそりと舟に乗りこんだ。養殖場につくと、みんなで1本ずつヒビを海の中に立てていく。少年もみんなと一緒になって立てようとするのだが、うまくいかない。やはり、まだ力が足りないようだった。

母は、手伝いの男の人たちに混じって働く小さな人影に気づいた。まさかと思いながら、

「大作。お前、大作じゃないのかい」

と、声をかけた。少年は母に心配をかけたくないという思いから、はずんだ声で「そうだよ」と返事をした。それに、少年は、父が働けない以上、息子のひとりである自分も家の仕事をするのが当たり前だと自然に自覚してもいた。

母は、少年のけなげさに胸がつまった。

だが、心を鬼にして叱った。

「お前はまだ小さいのだから、危ないでしょう」

そして、今度は優しく抱きしめた。手伝いは冬まで待つことになった。

冬になると、海一面に立てられたヒビについた海苔の種である「胞子《ほうし》」が育ってくる。朝の早い時間に舟を出して、その育った海苔を採る。

海に出かけるのは干潮になったときだ。その時間は、その日の潮の干満の具合で決まった。白々と夜が明けてくる時間に収穫することもあれば、暗闇の海の中でカンテラの火に照らされて作業することもあった。

舟から身を乗り出し、冬の海に手を入れて海苔を採る。まだ潮が引ききっていないときは、身を切るような冷たい海に肩までつけて海苔を採るのだ。たしかに、それは大人でも辛く大変な作業だった。

写真は大森沖の海苔養殖の作業の様子（昭和10年ごろ）

「勉強もなまけてはならんぞ」

母は、少年にもできる仕事を教えてくれた。舟で海から採ってきた海苔を干す仕事だ。

早朝に採ってきた海苔は、すぐその朝のうちに干さないと品質が悪くなってしまう。時間こそが「勝負」の仕事だった。

まず、海苔を細かく刻む「海苔切り」という作業をする。少年の家には、2枚組の刃のついた包丁が4本ついていて、それを上下に動かして海苔を切り刻む「海苔切り機」があった。家で待ち構えていた少年は、父から「海苔切り機」の使い方を教えてもらい海苔切りをした。

次は、その刻んだ海苔に水を入れてどろどろになるまでよく混ぜていく。それを升《ます》ですくって、葦《あし》の茎を編んだ「海苔簀《のりす》」の上に置いた木枠《きわく》の中に同じ厚さになるように流しこんでいく。そうして、むらなく海苔をつけた簀を天日で干すのだ。

少年は、吐く息を真っ白にしながら、学校に行く前の時間をつかって海苔を干した。干し場に、何百枚、何千枚と並ぶ海苔は、それは壮観だったという。

放課後、家に帰ってくると、干し上がった海苔を問屋に届けた。無事に届け終わると、その帰り道、少年はなんだか凱旋《がいせん》将軍のように晴れ晴れと昂揚《こうよう》した気分になった。

父は、そんな少年を黙って見ていた。ただひとことだけ、こう優しく言った。

「大作。勉強もなまけてはならんぞ」

長兄は、中学校をやめた。

家計を支えるために、海苔の養殖を手伝いながら、農家から野菜を仕入れ、リヤカーで行商することにしたのだ。少年は、日曜日には長兄のリヤカーの後を押すこともあった。

少年と学校

少年の小学校時代は、羽田・糀谷界隈《かいわい》もまだ田んぼが広がっていた。少年が通っていた羽田第二尋常小学校も田んぼの真ん中にあった。

冬になると、田んぼに霜が降《お》り、やがて凍りついた。すると、ぐるりとまわり道をせずに、まっすぐ田んぼを横切って学校に行けるのだ。

低学年のときは、ときどき海苔養殖のヒビに使う竹を適当な長さに切って、それに鼻緒をつけてスケートにして凍った田んぼで遊んだりもした。

だが、家の手伝いをするようになると、だんだんみんなと遊ぶ時間がとれなくなった。だからこそ、みんなと遊べるときは思いっきり遊んだ。

3年生になるとそれまでの優しい女の先生から、師範学校を出たてのやる気満々な男の先生になった。

そのころには、自然に子どもたちのグループがいくつかできていた。遊ぶのも、たわいのないイタズラをするのも、いつも同じグループの仲間たちと一緒だった。先生は、少年たちのグループをよく知っていて、何か悪さをしても、だれかを叱るというのではなく、公平を保つためにもグループのみんなを平等に叱るのだった。それだけに、子どもたちから信頼されている先生でもあった。

当番制でやる放課後の掃除も、終わると必ず点検をした。その間中、子どもたちは緊張しながら先生の点検が終わるのを待った。

あるとき、仕事が忙しくて点検にこられない日があった。先生は、

「後で点検しておくから、掃除が終わったら帰っていい」

と言う。その日の当番の子どもたちは喜んだ。適当に済ませて帰ろうと盛り上がった。ところが、少年は、どこか真っ正直なところがあって、みんなが帰ったあとも自分が納得いくまで掃除をつづけた。

掃除用具を片付けているとき、先生が仕事を済ませて教室にきた。雑巾を絞って干している少年を見ると、

「なんだ、ひとりでやっているのか。えらいね。最後まで頑張って掃除をやってくれたんだね」

そう言って、片付けを手伝ってくれた。少年にとって、先生の人間的な体温を感じることができた思い出になった。

5年生になったときにも、担任の先生が替わった。今度もまた、男の先生だった。授業の合間にいろいろな小説の話をしてくれた。なかでも、吉

川英治の『宮本武蔵』は、授業時間をさいてみんなに読み聞かせてくれた。全巻を読み終わるのに1年ちかくかかったが、修業時代の武蔵の様子や巌流島の決闘など、登場人物にあわせて声色を変え、身振り手振りを加えて〝熱演〟してくれるのだった。

クラスの仲間は「武蔵の時間」と呼び、その時間を楽しみにした。読書好きな少年は、すぐにこの先生が好きになった。

5年生の教室には、大きな世界地図が掲げてあった。

少年は、ときに地図の中国の砂漠地帯のあたりをながめては、

〝このあたりには人は住んでいないんだろうな。だけど、こういう場所に行ってみたいな〟

と、漠然と思っていた。

あるとき、先生が教室の世界地図を指さしながら、「みんなは世界のど

こに行きたいか」と聞いた。

子どもたちは、ドイツ、スイス、アメリカ……と思い思いに話しだした。

少年も目を輝かせて、いつも世界地図をながめながら夢想しているとおり、中国の砂漠地帯をさして、このあたりに行ってみたいと答えた。

「そこは敦煌《とんこう》と言って、素晴らしい宝物がいっぱいあるところだぞ」

先生は、そう言うとシルクロードのロマンを話してくれた。

少年は、あんなに広い、だれも住んでいないような砂漠に宝物があるなんて不思議だな、と思いながら先生の話を聞いていた。

少年がその場所に興味をもったのは、日中戦争がつづいていて、中国という国に関心が深かったからでもあった。

1937（昭和12）年7月の「盧溝橋《ろこうきょう》事件」に端を発した日中の全面戦争は、いつ果てるともわからない様相を呈し、当然のことながら少年たちの日常にも影響を与えていたのだった。

修学旅行の教訓

長兄に召集令状がきた。父に代わる働き手を戦地に取られ、ますます生活が苦しくなった。ついに、糀谷の広い屋敷も手放した。

すぐ上の兄が新聞配達をしていた。6年生になると、少年は自分も新聞を配達しようと思った。ある日、その兄に、自分も新聞配達をやりたいと考えている、と相談してみた。

すると、兄は、朝の海苔干しの手伝いもやっているし、新聞配達まではムリだと止めた。しかし、少年の決意は固かった。その少年の気持ちを聞くと、もう止めることはできなくなった。

「本当に、大作は親孝行だなぁ」

と、感心したように言った。

少しでも家計を助けたいという思いもあったが、少年は、病気がちな父とずっと働きづめの母に、自分が稼いだお金で何か好きな物を買ってあげたかったのだ。それに、毎日、新聞配達をすれば病弱な体を鍛えることができるだろうとも考えていた。

少年は、冬の海苔の収穫期には、まだ早朝の暗いうちから海苔を干す手伝いをした後、新聞を配り、学校に行った。家に帰ってからも、干した海苔のはがしを手伝い、夕刊を配った。熱のある日も休まなかった。

成績がいつもよかったこともあり、学校の友達はだれひとり、少年が家のためにそんなにも働いていることに気づかなかった。

すでに少年は、大人ですらおよばない強い自律心と自制力を身につけていたのだ。

その年、修学旅行があった。母は、苦しい家計の中から費用を捻出してくれた。関西地方への4泊5日の旅だった。

少年は、はじめての汽車の旅が楽しく、こづかいで菓子を買い、気前よく友達に分けてしまった。少しでもみんなと嬉しさを分かち合いたかったのだ。だが、気がつくと、そのために家への土産が買えなくなった。

その様子を見ていた担任の先生が、

「池田。おこづかいは大丈夫か」

と、声をかけてくれた。そして、

「お兄さんたちは兵隊に行っているんだろう。せめて、お父さん、お母さんにお土産を買っていくんだよ」

と、そっとお金を渡してくれた。

少年は、家に帰って、そのすべてを話した。母は、正直にありのままを話してくれた少年の気持ちが嬉しかった。

「大作や。立派な人間になるためには、いまのように決して嘘をつかないこと。それからもうひとつは、自分でやろうと決めたことは責任をもってどこまでもやりぬくことです。いまの話を聞いていて、私は、お前は、そのふたつをきっととやり通せる人間だということが、よくわかりました」

母は、そう話すと、

「先生は、本当に立派な方だね。先生のことは忘れてはいけませんよ」

と、言った。少年は、その母の言葉を守り、先生との文通をその後もずっとつづけた。

新聞少年の誇り

小柄な体つきの少年にとって、配る新聞の山はとても重たかった。それを自転車の荷台に積んで、新聞店を出発する。気を抜くと、新聞の重みでハンドルを取られて転びそうになる。

自分の受け持ち地域の近くに着くと、自転車を止めて、新聞の束を肩にかけたカバンに入れて走って配るのだ。ときに新聞をつるしているヒモが肩にくいこむように痛い日もあった。

しかし、自分が配達している新聞から、人びとは世界や社会の動きを知る。しかも、日々変化する戦争の動向が伝えられているのだ。1分でも早く読者に新聞を届けよう。そう思うと、肩の痛さも気にはならなかった。

朝刊は、黙って新聞受けや玄関の戸口に入れてくるだけだが、夕刊は、たいていの家で新聞がくるのを待ってくれていた。

やはり、みんな戦地の様子や戦局の推移を早く知りたいのだった。そのことが痛いほどわかった。

多くの人に社会の本質を伝えるジャーナリストという仕事に魅力を感じた。少年は、将来、新聞記者か雑誌記者になりたい、と考えるようになった。いきおい新聞を配る表情も、凛々しく引き締まるのだった。

「夕刊です」

ていねいにお辞儀をして渡すと、「ありがとう」と声を返してくれる人もいた。

そんなひとりに、「ご苦労さま。毎日大変ね」と、必ず玄関に立って新聞を受け取ってくれる夫人がいた。

ある日、少年は、その夫人から家に食事にくるように誘われたのだ。その家庭は、夫妻2人っきりで、夫はどこかの大学で教壇に立っている人のようだった。少年のいつも礼儀正しい態度や利発そうな表情に、夫妻して、いちどゆっくり話をしてみたいと思ったのだという。

はじめて訪ねた日、少年は問われるままに母の話や父の話、兄弟の話をいっぱいした。帰り際《ぎわ》、夫は、

「君がきてくれると、パッと桜が咲いたようで嬉しいよ」

と、言ってくれた。

少年は、自分のことを好きな桜にたとえてもらったのが嬉しかった。少年は、そのころから桜の花のように、会った人を明るく和《なご》ませる何かを秘めていたのかもしれない。

いろいろと親身に話も聞いてくれ、「君はきっと偉くなるよ」『いま君は自分という人間の歴史をつくっているんだよ」などと勇気づけてくれた。

そんな夫妻とも、戦争が激しくなるなかで離れ離れになってしまった。

しかし、少年は、その夫妻から、人との出会いを大切にする深いまごころを学んだ。

平和への映して…

1枚の鏡に決意を

アメリカで、アジアで、旧ソ連で、ヨーロッパで、
SGI会長は、必ず無名戦士の墓に詣《もう》で、
深い祈りをささげてきた。
南方の戦線で散った長兄の姿と、
各地の戦線で死んでいった数多くの名もなき兵士の姿が
合わせ鏡のようにひとつの像を結ぶ。
その長兄と互いに分かち持った1枚の鏡。
母の形見でもあるその鏡に兄を思い、
世界不戦の誓いと
行動の決意を新たにするのだった。

強情さまと少年航空兵

尋常小学校の卒業が近づいてきていた。もっといろいろなことを学びたかったが、経済的な理由から中学校への進学を断念せざるをえなかった。少年は、1940（昭和15）年に、羽田高等小学校（国民学校令によって翌41年4月に萩中《はぎなか》国民学校と改称）に入学した。

2年生の12月、日本はアメリカとの戦争に突入した。長兄ばかりではなく、下の兄たちにも次々と召集令状がきた。

少年は、卒業を前に、少年航空兵に志願して自分も戦場で戦おうと決めた。国のために役に立ちたいと願ったのだ。

戦死した兵士の美談が語られ、国に忠節《ちゅうせつ》を尽くすことが最高の生き方だと教えられていた当時の少年たちにとって、銀翼《ぎんよく》を輝かせ大空を飛ぶ飛行兵は最大の憧《あこが》れの的でもあった。

ところが、父も母も猛反対をした。父は、後にも先にもないほどの勢いで少年を叱りつけた。それでも、志願をやめなかった。

ある日、彼の志願書をもとに海軍の係官が家にやってきた。強情さまは係官を一喝《いっかつ》した。

「私は絶対に反対だ。うちは上の3人とも兵隊に行っているんだ。間もなく4番目も行く。そのうえ5番目までもっていく気かッ。もうたくさんだ！」

それは庶民の偽《いつわ》らざる声だった。もうたくさんだと叫ぶ、その父の思いを知ったとき、少年は志願をあきらめた。心の片隅に〝戦争とはいったい何なのだろう〟という小さな、だがヒリヒリするような疑問が生まれた。

戦火が激しくなるなか、14歳の少年の小さな肩に、残された家族の生活が重くのしかかってきていたのだった。

少年は、萩中国民学校を卒業すると、地元の軍需工場に就職した。それまでの無理がたたったのか、少年の肺は結核に冒されていた。

長兄と分かち持つ1枚の鏡

国民学校を卒業する前のこと、長兄が中国大陸の戦線から復員して、一時戻っていた。少年は、兄弟のなかでも長兄にいちばんの信頼を置いていた。

長兄は、母ゆずりで屈託のない明るい性格だった。弟妹思いで、頼りがいもあった。暖房もない冬の夜など、布団の中で小さな弟たちが寒さを我慢しながらちぢこまっていると、長兄は、

「さあ！　いくぞ」

と言っては、弟たちを布団の上から押さえ込んだり、転がしたりして、体を温めてくれるのだった。

ハーモニカも上手く、ときどき「月の沙漠」や「春の小川」などの童謡を吹いてくれた。音楽の世界への扉を開いてくれたのも、長兄だった。

その長兄が、中国で見てきた戦争の悲惨さを、憤懣《ふんまん》やるかたない様子で語るのだ。

「……戦争は、決して美談なんかじゃない。結局、人間が人間を殺す行為でしかない」

最後には、涙さえ浮かべていた。

この長兄の話は、すぐには理解できなかったが、いつまでも少年の心に焼きついて離れなかった。そして、敗戦後、少年は戦争の真実の姿を知り、長兄が正しかったことを確信したのだった。

しばらくすると、長兄は、「一家を支えるのは、お前だぞ。……俺の分まで、親孝行するんたぞ」といい残して、再び出征していった。

帰ってきたときと同じように、懐《ふところ》には、掌大《てのひらだい》の1枚の鏡が大事にしまわれていた。母の嫁入り道具の鏡台の鏡が、なにかの拍子で割れたとき、たまたまそばにいた長兄と2人で適当な大きさの破片を拾ったものだ。それは、2人の〝宝物〟だった。

兄と分けあった鏡の片われを、少年もいつもポケットに入れていた。工場の休み時間に、そっと顔を映してみたこともあった。ポケットの上からしっかりと手で鏡を握り締めて、空襲の炎の中を逃げたこともあった。

戦後、ひとりでアパート住まいをはじめたときには、この鏡の破片を机の引き出しにしまっておいた。それが唯一、部屋にある鏡だった。

出勤前、その鏡に自分の顔を映して、「お母さん、おはよう」と言うのが日課だった。この鏡を見れば、いつでも母を思い出すことができた。母の温かさと同時に、子を戦争で失った母の無念さも思い起させた。

SGI会長にとって、1枚の鏡は、長兄との思い出を映し出すものでもあった。1961（昭和36）年、香港、セイロン（現 スリランカ）、インド、ビルマ（現 ミャンマー）、タイ、カンボジアの初のアジアへの平和旅に出かけたときも、この鏡を持参した。SGI会長は、この旅で、ラングーン（現 ヤンゴン）の無名戦士の墓に詣で、長兄をはじめビルマ戦線で亡くなった人びとの冥福を祈り、戦争のない世界を築きゆくことを再び自身に誓った。

その後も、韓国、マレーシア、シンガポール、ネパール、マカオを訪問し、フィリピンには3度訪れた。

フィリピンでは、SGI会長はアキノ大統領、ラモス大統領やフィリピン大学アブエバ総長、そして「リサール協会」のキアンバオ会長などと信頼と友情の平和の絆を結んできた。それは「アジアの民衆から心より信頼されたとき、はじめて日本は平和の国といえる」という、深い決意の表れにほかならなかった。

1998年アジア訪問。フィリピン・マニラ市内のリサール公園でフィリピン独立の英雄、ホセ・リサール像に献花。写真左はリサール協会会長、ロヘリオ・M・キアンバオ氏。（1996年には池田SGI会長に「リサール大十字勲章」の叙勲、98年には独立100周年を記念して第1回「リサール国際平和賞」が授与された）

社会人の第一歩を踏み出す

少年が地元の工場に入社したのは、日本軍がハワイの真珠湾を攻撃した翌年の春のことだった。日本は中国とだけではなく、アメリカを主力とする連合国とも戦火を開いたのだった。

当時はまだ香港、マニラ、シンガポールを次々に占領し、日本軍が連戦連勝の快進撃をつづけていた。

その工場にも、海軍省から技術将校が派遣され、軍需工場として艦船の部品をフル回転で生産していた。朝は必ず10分ほどの朝礼があった。

「諸君はお国のために働いている。真心をこめて作るように……」

派遣できていた技術将校が工場で働く全員に向けて、訓示をスピーカーで流すのだった。

社内には、青年学校が併設されていた。入社した若者は、そこで軍隊的な教育や訓練を受けなければならなかった。半日は各学科の勉強をし、残り半日は工場実習をすることになっていた。

これまでの学校とは違って、青年学校は軍隊的な雰囲気と規律をもっているところだった。

指導教官や先輩たちが下級生に容赦《ようしゃ》なく往復ビンタをふるったり、命令口調での教育が行われていた。

ある日の授業で、ひとりの指導員が、難しそうな方程式を黒板に書きながらネジの切り方を教えていた。少年は、納得がいくまで理解したいと思い、手をあげて質問をした。

すると、その指導員はいきなり怒り出したのだ。

「そんなことはわからんでいい！　生意気なことをきくな！」

何事も「問答無用」、そういう学校だった。

やがて、日本軍の負け戦がつづくようになった。太平洋戦争の雲行きがあやしくなっていくと、ますます青年学校の締め付けはきつくなった。

そんななか、少年は出社時間の1時間くらい前には必ず仕事場にいくようにしていた。仕事場の机やイスを掃除するのだ。だれに言われたわけでもなかったのだが、社会人として第一歩を踏み出したということで張り切っていたこともあった。

「そんなに毎日、ひとりで掃除をしなくてもいいよ」

と言ってくれる先輩もいたが、少年は、

「こうしてきれいにしておけば、みんな少しでも気持ちよく授業も受けられるし、仕事もできると思いますから……」

そういう気遣いが自然とできたのだった。

結核と読書

少年は、黙々と軍需工場で働いた。旋盤でネジを切る、タガネの頭をハンマーで打つ、鉄棒を切断し、ドリルで穴をあける……。さまざまな機械のモーター音が響き、火花や焼けた鉄粉、油も飛び散っていた。神経を張りめぐらせていなければ、いつヤケドをしたり、ケガをするかもしれなかった。

戦局が激しくなるにつれて、工場で働く人数がぐっと増えてきた。1945（昭和20）年ごろになると、少年が入社したときの3倍くらいの人たちが工場で働くようになっていた。学生も勤労動員され、女子学生も女子挺身隊員という名で働き、商店街の人たちも徴用されていた。

池田SGI会長の若き日の愛読書の数かず。
なかでもホイットマンの詩集『草の葉』は、その詩をいくつも覚え、
深夜の家路で小声で朗誦して歩いたほど思い出深い青春の一書であった

少年は毎日のように激しく咳き込んだ。微熱がつづく日も多くなった。リンパ腺が腫れ、39度を超す高熱を出すこともしばしばだった。ほおはゲッソリとこけていた。

青年学校の軍事教練も強化されていった。

ある夏の日。猛烈な陽の光のなか、軍事教練で工場から多摩川の土手に行進した。少年は突然、気分が悪くなって倒れかけた。とっさに、まわりの友達が支えてくれた。

苦しかったが、なんとか教練を耐えた。だが、工場に戻って血たんを吐いた。そこまで結核が進んでいたのだ。

しかし、薬など手に入るわけもなかった。十分な栄養すらとれない。『健康相談』という雑誌をたよりに、できうる範囲の養生《ようじょう》をするしかなかった。病状は悪化の一途をたどった。

寝汗でぬれた布団をたたむと、畳まで湿っていた。血たんを吐き、高熱をおしながらも仕事に励んだ。

少年の結核は、療養所に入院しなければならないまでに悪化していた。その準備をして空きベッドを待っているとき、城南方面（羽田、大森、池上、荏原、蒲田の方面）の空襲があり入院の話はうやむやになった。

こんな体でも僕が働かなければ——。

少年はいつもつづく微熱の中で、決意していた。

唯一、自分を取りもどせるのは、工場の昼休みに中庭の芝生の上で読書にふけることだった。休みの日も、だれにも邪魔をされずに静かに本を読もうと、家の近くの墓地に行っては一日中、心おきなく本のページをめくることがあった。

学徒動員で工場に働きにきていた中学生たちとは、年齢が同じであることもあってすぐに親しくなった。とくに読書好きな5、6人とは意気投合し、週に2、3回、ほんの数十分だが休み時間に文学の話をした。最近読んだ本の感想を語り合い、読みたい本があればみんなで古本屋や親戚の家をまわって探してくることもした。本を読むと、希望がもてた。

現実は悲惨でも、書物の中には人生の真実がちりばめられていた。いくらでも深く生きる意味を掘り下げることができた。

なかでも詩は、気にいったところを何ページも暗記して、道を歩きながら口ずさんだりした。自分で詩をつくり、ノートに書きためるようにもなった。

少年は、大好きな詩を自分でつくることで、自然や宇宙といったものとの一体感を強く感じるようになっていた。それは自分の生命の新鮮な発見にもつながっていた。

詩をつくり、詩を口ずさむことで、少年は、苦闘の青春を生きる自分自身に勇気を鼓舞していたのだった。

©Seikyo Shimbun

求めて

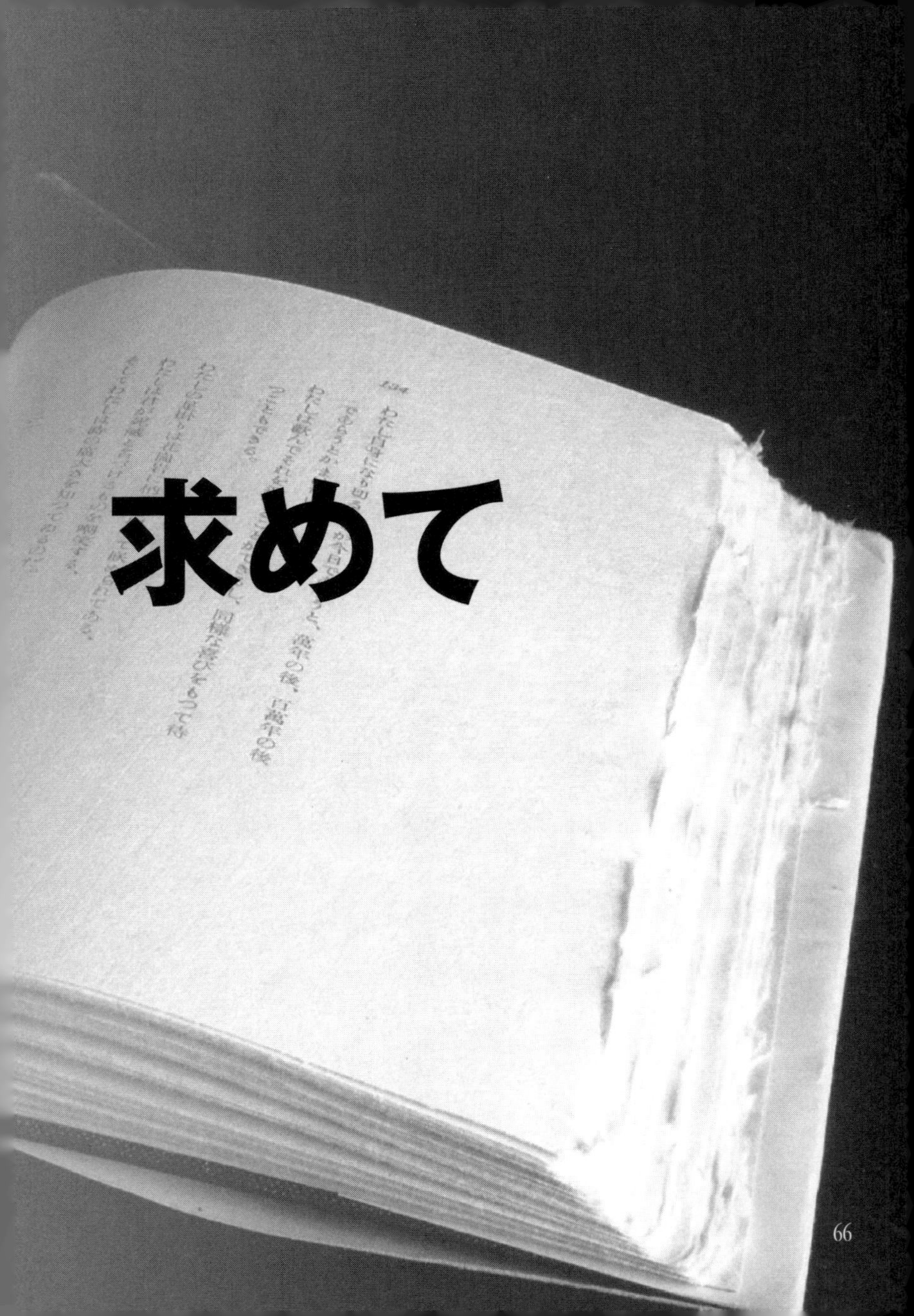

正しい人生の指針を

ただ、がむしゃらに活字を読んだ。
著者と対話をするように、真剣に書物と向き合った。
敗戦は、価値観の大きな喪失をもたらした。
だが、正しい人生を生きる答えは、
必ずこの書物の大海の中にある。
書物を読み、そこから自分の思索を縦横に広げ、
深めることだ。そう決意していた。
「書を読め、書に読まれるな。自己を作る事だ。
それには、熱烈たる、勇気が必要だ」
SGI会長は、若き日のノートにそう記した。

長持ちの中のお雛さま

連戦連勝を叫ぶラジオや新聞の報道とは裏腹に、やがて米軍機が連日、東京を襲うようになった。焼夷弾が夜空を深紅に染めあげた翌朝は、焼け跡に黒こげの死体がいくつも並んでいた。多くの人が、いつの間にか死体を見なれ、そのことに何も感じなくなっていった。

１９４５（昭和20）年３月10日。東京を大規模な空襲が襲った。この空襲のあと、それまで以上の規模で建物の強制疎開が決まった。焼夷弾による類焼《るいしょう》を防ぐために、いまある建物を壊していくのだ。このとき少年の家も、その対象になった。

おばの家に一棟建て増しして、リヤカーで少しずつ荷物を運んだ。胸を病む身には重労働だった。

乱れる呼吸を我慢し、リヤカーを引いた。ようやく引っ越しを終えた夜、おばの家のある蒲田地区を米軍機の大編隊が襲った。

あたり一面から火が吹き上げる。焼夷弾の炸裂《さくれつ》する音、真っ赤に燃えて崩れる家屋、逃げまどう人びと……。新しい家も焼夷弾の直撃を受けた。息をすれば胸の中が焼けるほどの熱気をかいくぐり、焼け落ちる家から必死に荷物を持ち出そうとした。だが、弟と2人で持ち出せたのは、大事な書類が入ったカバンと長持ち1つだけだった。

翌朝、長持ちを開けると、お雛さまとコウモリ傘が1本でてきた。何の役にも立たない人形を前に、みんな落胆した。その家族の様子を見て、母は、知恵をふりしぼるように努めて明るくいった。

「いまに、このお雛さまが飾れるような家に住めるという知らせよ。きっとそうなりますよ……」

母の言葉に、勇気と希望が湧いた。

一家のバラック住まいがはじまった。防空壕の穴に、焼け残りの板などをつかって簡単な屋根をかけたのだ。

雨も風も吹きっさらしだった。急造のバラック生活のなかで、病身の父を看病せざるをえない母の姿を見ることだけが辛かった。

大事にしていた本もすべて燃えてしまった。しかし、そんなことで挫《くじ》けるものかと思った。トルストイの『戦争と平和』など、何度も何度も読み返した本は頭の中で読めた。

一面の焼け野原、灰じんに帰した東京

平和の願いを花に託して

毎日、毎日、轟音《ごうおん》を残して頭上を飛ぶ敵機。その空爆の下で、いったい何千何万の生命がなくなったことだろう。

路上には放置されたままの死体がころがり、声もなく悄然《しょうぜん》と歩く人であふれていた。

少年自身、父に飲ませる薬どころか、自分たちのお腹を満たすだけの食べ物も手に入らなくなっていた。

これでもまだ、国家のために、民衆は耐えなければならないのだろうか。少年は、戦争の無意味さを全身で感じた。そして、小さなころからの夢を思い出した。

〝日本中の駅に桜の木が植えられている。そんな時代が、早くこないものだろうか〟

日本の敗戦は、もう時間の問題だった。少年は、平和への願いを、桜の花に託すようになった。たとえ現実の桜は燃えても、心の中に桜は咲いている、へこたれるものか……。

少年が物思いにふけりながら焼け跡を歩いていると、不思議と焼け残った一角に桜が何本か美しい花を咲かせているのだった。

その桜の花を見ながら、少年は、あの糀谷の屋敷の庭に咲いていた桜の木をありありと心に思い浮かべていた。

そのとき、頭の中で、一気にひとつの詩ができた。

少年は、戦争への怒りと悲しみを、この「散る桜」と題した詩に託したのだった。

戦災に　残りて咲きし桜花
空は蒼空《あおぞら》　落花紛々
……
散る桜　残る桜も　散る桜　と
謳《うた》いし人あり

青春桜　幾百万
なぜ　散りゆくか　散りゆくか
……
散る桜　残る桜よ　永遠《とこしえ》に
春に　嵐と　咲き薫れ

苦学の中でつづった読書ノート

少年の結核は、医師から「26歳まではもたないだろう」と言われるほどの状態になっていた。そんななかで敗戦を迎えた。17歳だった。

敗戦は、大きな空虚感を少年に与えた。

戦争の無意味さは感じていたものの、それまで信じこまされてきた、なによりも国家が優先し、天皇のために死ぬことこそが尊いという価値観が、一夜にして崩れ去ったのだ。

精神の空白を抱えながら、今後、何を信じて生きるべきなのか、悩み、考えつづけた。

なんのための戦争だったのか。国家とは何か、人生とはどうあるべきなのか……。

少年は一心に勉強しようと決意した。しかし、少年には支えるべき家族の生活があった。

夜は神田の東洋商業学校（現 東洋高等学校）の定時制2年生に中途編入して学びながら、西新橋の印刷会社に勤めた。こづかいをためては、宝の山に分け入るような気持ちで古本屋街を歩き、本を買った。

古今東西の文学書や哲学書をむさぼるようにして読み、読書ノートをつづった。

国木田独歩《くにきだどっぽ》、石川啄木《いしかわたくぼく》、徳冨蘆花《とくとみろか》、西田幾多郎《にしだきたろう》、三木清《みききよし》、トルストイ、ユゴー、ルソー、ペスタロッチ、ホイットマン、ゲーテ、ベルクソンなど、読書の幅は広く、深かった。

当時、結核は死に至る病だった。

読書ノートは、残された時間のなかで、生きることの本当の意味をつかみ取ろうとするひたむきな青春を映し出す。

良書は、人類の大いなる遺産である。

その人類の遺産を全部、自分の財産にしてみせるという決意で、少年は読書に励んだ。そして、読書と思索《しさく》の大海の中で、青年へと成長していったのだった。

悲しみに揺れる母の背中

敗戦の翌年になると、戦地に行っていた兄たちも、次々に復員してきた。だが、長兄の音信は、中国戦線から南方へ向かったという知らせ以後、途絶えたままだった。

敗戦から2年後の年が明けた。寒さが去り、春がきても、長兄は帰ってこない。

母は、長兄の夢を見たと、よく話すようになった。母にとって、長男の復員こそが、いちばんの気がかりで、最大の希望だった。

夏を思わせるような5月末のある日、役所から1通の書状が届いた。長兄の戦死公報である。長兄は、インパール作戦の撤退部隊の掩護《えんご》の途上、ビルマで戦死していたのだ。

母は、ていねいにお辞儀をして、それを受け取った。そして、家族に背中を向けた。母の嗚咽《おえつ》が聞こえてきた。それは、ずっとやまなかった。

やがて遺骨が帰ってきた。それを抱きかかえるようにして迎えた母。その背中が、深い深い母の悲しみと無念さを物語っていた。

下駄の鼻緒《はなお》も新しいものを買えずに、古い布を裂いて編んでつくるような貧しい暮らしのなかでも、子どもたちに少しでも栄養のあるものを食べさせようと、近くの海でとれた小魚を食卓に乗せ、「骨まで食べるのですよ」

と口グセのように言うのも母だった。なにより丈夫で健やかに育ってほしい。それが母の思いのすべてだともいえた。その願いの対極にあるのが、人と人が殺し合う戦争の本質といえるかもしれない。

母は、どの子も分けへだてなく平等に愛した。だが、やはり長兄を頼りにするところが大きかった。父がリウマチを患《わずら》うようになってからは、よけいにそうだっただろう。長兄が戦地から帰ってくれれば、また新しい一家の一歩が踏み出せる。その切なる思いが、役所からの1通の書状で崩れ去ったのだ。

このとき青年は、戦争に心から腹を立て、戦争を憎んだ。母の深い悲しみと、異国で死んだ兄の無念さ。それが、青年の反戦平和への行動の原点になった。

SGI会長は、後にこう記している。

「その時の母の悲嘆にくれた顔を、私は今でもよく憶えています。おそらく母の生涯で、最も哀しい出来事であったにちがいありません。母の姿から、私はこの時、戦争というものの悲惨と残酷さを身にしみて知ったのでした。そして、世の中の善良な、なんの罪もない母親を、これほどまでに哀しませ苦しめる戦争というものは、絶対に許すべからざる悪であり、悪魔の仕業《しわざ》であると考えずにはおられませんでした。以来、私は、戦争には絶対反対です。これも母から無言のうちに得た信条であって、いかなる理由があったとしても、私は戦争を憎み、反対することを生涯の仕事の一つと思っています」（『私の提言』）

以後、母もめっきり老い、父はまた寝込むことが多くなった。

地球上から悲惨の二字をなくそう

戦争で最も苦しむのはだれか。
それは庶民にほかならなかった。
なかでも、戦場で、
空襲でわが子を亡くした母たちの悲しみは、深い。
二度と悲惨な戦争を起こしてはならない！
青年の平和への熱望は、
戸田城聖と出会い、仏法を知ることで、
ひとりの人間における一念の変革こそが、
人生も、社会すらも善の方向へ変えゆく
最も確実な方途だとする揺るぎなき哲学に昇華した。

誠実に働き、かつ学んだ青春

戦後の復興は、遅々として進まなかった。まるで北風に向かって歩いていくような、生きていくことで精いっぱいの時代だった。

青年は、胸部疾患を抱えながら、一心に、真実の人生と、平和社会を築く確かな方途を探し求めていた。

青年は、誠実に働き、かつ学んだ。

夜学の帰りがどんなに遅くなっても、母は、起きて待っていてくれた。決まって、「大変だったね。大変だったね」と言いながら、夜食のうどんを温めてくれたりした。

印刷会社の社長も、勤勉な青年に好意をもち、なにかとよく気を配ってくれていた。

昼間、印刷会社でインクのにおいをかいでいると、将来は新聞記者か雑誌記者になりたいと心に描いていた子ども時代の夢を、なんとしても実現させたいと思うようになった。

青年は、文章の力、文学の力の大きさを感じていた。ひとつの文学作品が人の一生を左右することもある。社会を動かす大きな力にもなる。

二度と戦争を起こさない社会をつくるためにも、青年は、文字を武器とする仕事に就こうと思った。

〝学校を卒業したら、ジャーナリストの道に進み、やがて文学者の道に進んでいこう……〟

青年は、大きな希望に胸を膨らませていた。

だが、ついに体がもたなくなった。自宅で静養するため退職願いを出したとき、社長は、

「君の働きぶりは2人分でしたよ。学校へ通いながらあれだけ働いてくれたんですから。休暇ということにしておきましょう。体がよくなれば、またきてください」

とまで、言ってくれた。職場でも青年の誠実さが大きな信用をつくっていたのだ。

そのころ、青年は、近くの同世代の若者たちと読書サークルをつくっていた。20〜30人ほどのグループで、毎晩のように集まっては、さまざまな議論をかわしたり、読んだ本の感想などを語り合っていた。

しかし、いくら議論を重ねても、人生の支柱となる明確なものは得られなかった。

青年の胸には、二度と戦争を起こすようなことはしてはいけないという思いがたぎっていた。問題意識の扉は、社会に向けて大きく開いていた。

だが、そのために何をすればいいのか、どんな哲学が必要なのか。その答えを見いだす手立てさえ見つけられないでいた。

師との出会い

青年が、小学校時代の同級生に自分の家で生命哲学の話があるから出席しないかと誘われたのは、長兄の戦死公報が届いた年の8月のことだった。

生命哲学と聞いて、すぐにベルクソンのことが頭に浮かび興味が湧いた。

「どういう先生がくるの」

そう聞くと、戸田城聖という名前が返ってきた。聞いたことのない人物だった。

当日は20人ばかりの人が集まっていた。度の強いメガネをかけた人物が、なんともいえない温かさのにじむ口調で話をしていた。

聞いているうちに、仏法の講義であることがわかった。身近な例を通して、日常生活や政治にも鋭い洞察が加えられていく。

ときどき自分に注がれる戸田の視線に、はにかんだ。そのたびにそっと視線を外すのだが、どこか親しみが湧いてくるのだった。

講義の後、友人が戸田に青年を紹介した。

青年は、「先生、教えていただきたいことがあるのですが……」と、三つの質問をした。

「正しい人生とは何か」

「本当の愛国者とは」

「天皇をどう考えるか」

その一つひとつに、戸田は、簡潔ながら真剣な答えを返してくれた。そこには理論をもてあそぶような素振りは一切なかった。

青年の燃えるような求道の心は、人生の師との出会いを見のがさなかった。

魂と魂との打ち合いともいうべき、恩師・戸田城聖との個人授業で使われた教科書の数かず。
世界史、日本史、経済学、法学、漢文、科学……
©与古田松市

〝この人なら信じられる！〟

青年は、瞬間的に、そう思った。

なにより、戸田城聖の人格に魅せられたのだった。

その思いは、後に、戸田が、その師・牧口常三郎と共に軍部政府に抵抗し、2年間も獄につながれていたことを知って決定的になった。

「先生。その真実の仏法、南無妙法蓮華経というのは、どういうことなのでしょうか」

「――話せといえば、一晩でも、二晩

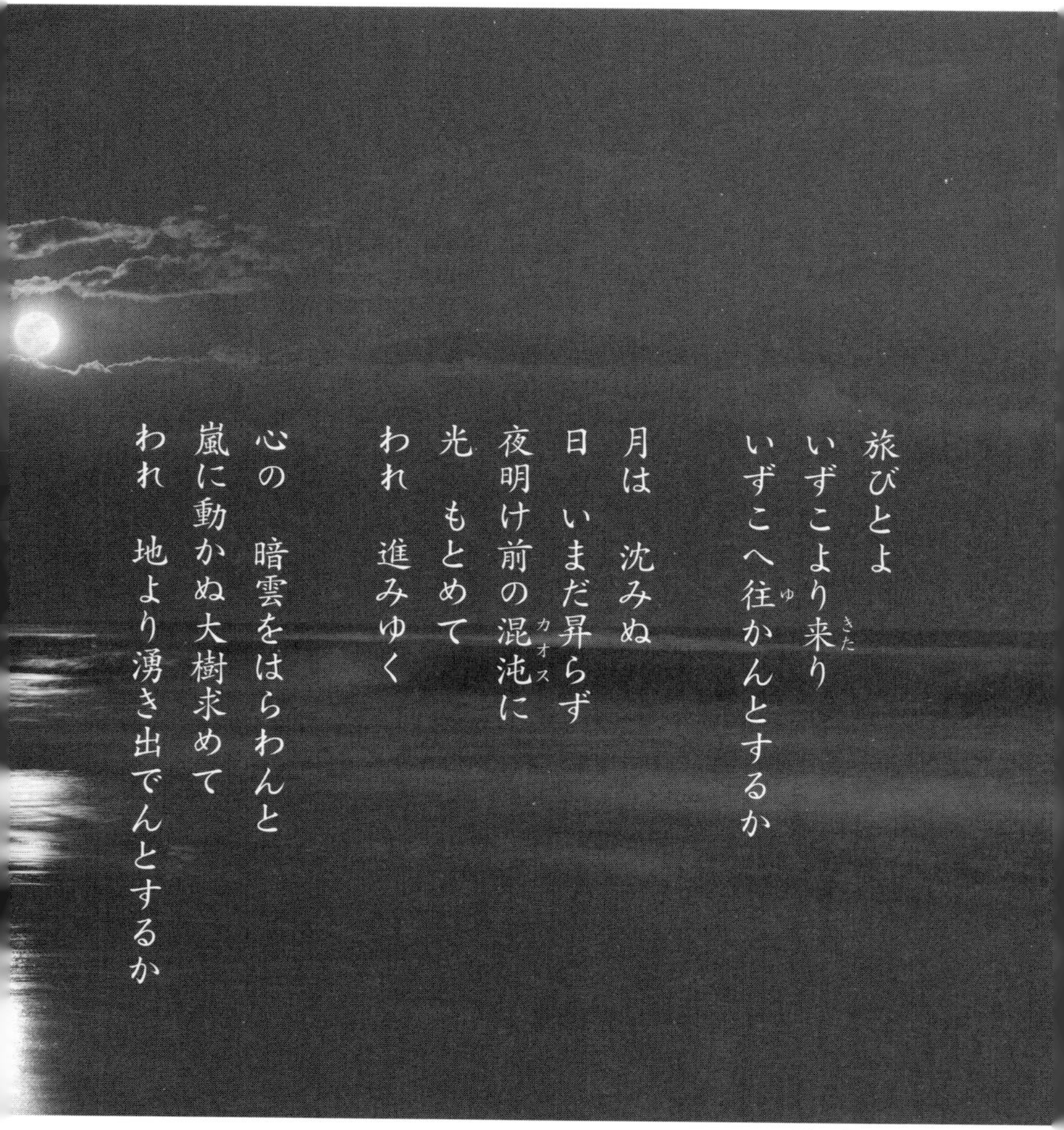

旅びとよ
いずこより来《きた》り
いずこへ往《ゆ》かんとするか

月は　沈みぬ
日　いまだ昇らず
夜明け前の混沌《カオス》に
光　もとめて
われ　進みゆく

心の　暗雲をはらわんと
嵐に動かぬ大樹求めて
われ　地より湧き出でんとするか

でも、話してあげたい。だが、池田君も、少し勉強してからにしようじゃないか」

「わかりました。わかったというと嘘になりますが、私も勉強してみます……」

青年は、戸田への感謝の気持ちを込め即興詩（90ページ）を口ずさんだ。青年にとって、戸田との出会いは、その感動を一つの詩として魂に刻み込ませるほど、不思議な縁を感じさせずにおかないものだった。

10日後――1947（昭和22）年8月24日、青年は、創価学会に入会した。

エピローグ

戸田城聖は、その逝去の前年（1957年）、
青年への第一の遺訓として「原水爆禁止宣言」を発表した。
反原水爆の思想を広めるように青年たちに託したのだ。
それから数十年の歳月がたった、1993年8月6日――。
SGI会長は戸田との最後の師弟旅となった軽井沢の地で、
小説『新・人間革命』の筆を起こした。
広島に原爆が落とされた日を選んだのは、
この恩師の遺訓を魂に刻んでいるからに違いなかった。
弟子は、平和創出への新たな闘いの決意を込め、
冒頭の一節を書いた。

「平和ほど、尊きものはない。
平和ほど、幸福なものはない。
平和こそ、人類の進むべき、
根本の第一歩であらねばならない」――

これは、あの小説『人間革命』の冒頭と見事な対をなす、
平和への大宣言である。
弟子は、「人間の力こそ、時代変革の力となる」という
恩師の真実を実証するために行動しつづけてきた。
そしていま、世界平和への祈りを込め、
新時代への誓いとして、自らの、
そして無数の庶民の平和への軌跡を書きつづる。

歴史家アーノルド・トインビー博士と1972年、翌73年、
約40時間にわたって交わされた対話は『二十一世紀への対話』として
1975年3月に発刊。世界31言語で翻訳・出版されている。
対談のテーマは生命論、地球文明の未来、戦争と国際問題、
哲学と宗教、女性論等多岐にわたる

池田SGI会長との対話は、トインビー博士に大きな希望を与えた。
博士は、人類の歴史は必ず平和的な世界国家に向けて進むと考えていた。
しかし、それを阻《はば》むナショナリズムや文明間の差異など、
超えなければならない試練の大きさも知悉《ちしつ》していた。
人類は、それらの差異をいかに超え、統合の道を歩むのか――。
博士は、SGI会長の世界平和への決意の深さと、
そのよってたつ仏法の人類的な普遍性を読み取った。
そしてなにより、この若き仏法者に、まばゆいほどの〝行動の力〟を見たのだ。
すでに、SGIの運動に世界市民への扉を開く萌芽があることを確信した。
だからこそ博士は、「対話を！　未来のために対話を！」と、
SGI会長に平和への夢を託したのだった。
人間同士の対話によって超えられない差異など存在しない。
その信念のまま、SGI会長は恩師の遺命を魂に刻み、
博士の夢に背中をおされるようにして、着実な〝平和旅〟の歩を進める。

池田大作
SGI会長
Groundbreaking
"Dialogues for Tomorrow"
平和への対話

対話こそ世界を結ぶ

戸田は、戦後の焼け野原にひとり立ち、人類の繁栄と恒久平和をめざし、仏法を根幹にした民衆運動を展開していたのだ。

戸田の誓願は、「この地球上から悲惨の二字をなくしたい」という一点にほかならなかった。なにをさしおいても「人間」を第一義に置く社会を創ろうと考えていた。

戸田の思いを、わが思いとして生きよう。このSGI会長の誓いは、戸田との師弟の魂の打ち合いを通して、ますます固く、崩れぬものになっていった。

一触即発の核戦争の危機をはらんだ冷戦の頂点で、アメリカへ、中国へ、旧ソ連へと世界への行脚《あんぎゃ》を重ねたSGI会長の〝平和旅〟は、亡き恩師との誓いを果たす〝師弟旅〟にほかならなかった。

世界を変えるのは、ほかのだれでもない。人間である。人間であるかぎり、どんな人間とも必ず心を通わせ、わかりあえる。それが、仏法の人間主義だ。この仏法のヒューマニズムの前には、人種も、民族も、宗教やイデオロギーも壁にはなりえない。

さらに、トインビー博士の言葉がSGI会長の信念を力強く支えた。博士は語った。

「対話は、世界の諸民族の融和、諸宗教の融和に、きわめて重要な役割を果たすものと思います。創価学会は、こうした対話の突破口となれるでしょう」と。

SGI会長は、トインビー博士の期待に応えるためにも、文化人、科学者、政治家など、精力的に世界の識者との語らいをつづけてきた。

たとえば、〝現代化学の父〟ライナス・ポーリング博士、ヨーロッパを代表する美術史家のルネ・ユイグ氏、透徹した文人のアンドレ・マルロー氏、アメリカの国務長官キッシンジャー博士。ノーベル平和賞受賞者でパグウォッシュ会議名誉会長のロートブラット博士、旧ソビエト連邦のゴルバチョフ大統領、イギリスのサッチャー首相、国際的な経済学者ガルブレイス博士、インドのガンジー首相、中国の胡錦濤主席、キューバ国家評議会のカストロ議長、モスクワ大学のログノフ総長、ガリ国連事務総長、チリ民主化の哲人パトリシオ・エイルウィン大統領。などなど、語らいの相手を挙げるときりがないほどである。

20世紀、人類は2度の世界大戦を経験した。大量の人の死を見、引き裂かれる家族の叫びを聞いた。にもかかわらず戦争は絶えなかった。だが、21世紀の扉を開いたいま、人類はようやく共生への意志を持ちはじめた。

世界をひとつに結ぶカギは対話にしかない。対話によって相互理解が進み差異は超えられる。

あらゆる壁を払い、人間同士としての魂の交流を重ね善の連帯を広げてきたSGI会長の行動は、その潮流の大いなる可能性を示してやまない。

日中友好の「金の橋」をかける

周恩来
中華人民共和国総理
との対話

池田大作
SGI会長

Groundbreaking
"Dialogues for Tomorrow"
平和への対話

周総理は、末期がんと闘っていた。だが、病床でも執務をつづけていた。総理は、つねに民衆のことを考えていた。中国の発展のためにも、アジアの安定、ひいては世界平和こそが大切だ。そう念じていた。総理には、池田ＳＧＩ会長こそ中日国交正常化の最大の功労者だという思いがあった。しかしそれ以上に、この自分の理想を真に託すにたる人物に違いないと思い定めていた。

半年前のＳＧＩ会長の第１次訪中のときは、総理の入院で会見が見送られた。以来、断続的に手術がつづいていた。今回も膀胱がん切除の直後だった。入院先の人民解放軍三〇五病院では、医師のだれもが総理の会見に反対した。

だが、総理の決意は固かった。

今回を逃すと、もう会えないかもしれない。たとえ命を縮めても会うべきだ――。
その日、第２次訪中最終日の１９７４（昭和49）年12月５日。総理の強き意志で会見が決まった。

未来にわたる友好を託して

戦後、中国国内には、日中戦争の傷痕がいたるところに残っていた。人びとの心には、日本への憎しみ、復讐心《ふくしゅうしん》が渦巻いていた。だが日本は、戦争の反省もなおざりに、一貫して〝親米反中〟政策をとりつづけてきた。

周総理は、両国の友好的な国交回復のために苦慮していた。「民をもって官を動かす」という外交方針を貫いていた総理は、民衆団体としての創価学会に早くから関心を示し、60年代のはじめにはその研究を命じていたのだ。

ＳＧＩ会長も「日中国交回復がなければ、日本の真の戦後はありえない」という思いをもっていた。だからこそ、１９６８（昭和43）年9月8日、第11回学生部総会の席上で、歴史的な「日中提言」を行ったのである。

長期化するベトナム戦争を背景に米中の対立が激化し、中ソの緊張も高まっていた。中国国内では文化大革命の熱狂が渦巻き、中国は国際社会のなかで孤立を深めていた。

個人のレベルで細々と進められていた日中友好運動も、そうした国際的な政治の動きのなかで暗礁に乗り上げようとしていた。日本の反中意識も先鋭化し、中国側に立った発言をすることは右翼からのテロの標的ともなった。

その時期に、中国政府の正式承認、中国の国連加盟の早期実現、貿易の振興などを訴えた「日中提言」は、まさに命がけの提言だった。

ＳＧＩ会長には、世界平和のためにはアジアの安定が不可欠であり、その要こそ日中友好である、という信念があった。

提言は、すぐに中国語に訳され、中国全土に伝えられた。大都市の学校では、提言を子どもたちに読み聞かせた教師も多かったという。

この提言なくしては、１９７２（昭和47）年の日中国交正常化はなかったといえる。

「周総理が待っておられます」

総理からの伝言は、北京飯店で行われていた第2次訪中の答礼宴の席にもたらされた。凍りつくような冷気のなか、ＳＧＩ会長夫妻を乗せた車は、夜の北京市街を走った。総理は、病院の玄関で立って待っていた。

「よくいらっしゃいました」

右手を差し出す総理。ＳＧＩ会長は、その手を両手で握りしめた。人民のために闘いつづけてきた、たくましい闘将の手だった。だが総理の手は透けるように白かった。ＳＧＩ会長は、その白さに、最晩年の恩師の手の色を重ね見た。

会見は、別室に移ってはじまった。香峯子夫人が、さっとノートを出しメモをとった。

「20世紀の最後の25年間は、世界にとって最も大切な時期です。すべての国が平等な立場で助け合わなければなりません」

青年の育成こそ友好の礎

周総理の思いは、将来の中国をどうするのか、21世紀の世界をどうしていくのかに向けられていた。未来にわたる両国の友好のバトンを託そうという熱情にあふれていた。

総理は76歳。SGI会長にとっては、ちょうど父親の世代に当たる年齢だった。SGI会長は、万代の友好を願う総理の言葉一つひとつを、深く心に受け止めようと思った。

そして、その〝願い〟を確実なものにするためにも、両国の青年の交流に力を入れようと決意した。青年の育成こそが、総理の信頼に応え、万年にわたる両国の友好の礎をつくる道にほかならないという思いからだった。

翌1975（昭和50）年春、創価大学に中国から6人の留学生を受け入れた。72（昭和47）年の国交正常化で、留学生の相互派遣が決まっていた。しかし、日本からの留学生は派遣されたが、中国からの留学生の受け入れは難航していたのだ。創価大学で学んだ6人は国交正常化後はじめての正式な日本への留学生となった。そのひとり、許金平氏は、「池田先生が私たち6人の日本での身元引受人になってくださったのです。おりにふれ親身な激励もしていただき、21世紀の中国のリーダーに、という先生の期待をいつも感じていました」と、留学当時を振り返る。その後、この6人は程永華現駐日大使をはじめそれぞれ中日友好のために活躍している。

SGI会長自身、10回を数える訪中のたびに、いつも若者たちの輪に飛び込んでいった。

周総理が理想とした青年像――人民のために、人類の平和と発展のために、一生を捧げるという生き方を、行動を通して示してきたのだ。

2001（平成13）年12月、3億7千万人の中国の青年が所属する中華全国青年連合会（全青連）の代表団が、交流のために来日した。団長の馬春雷氏は、「池田先生は、まさに私の師です。SGIのみなさんの師であるだけでなく、中国の青年にとっても師匠です」と、語った。大学時代、中国語版の『二十一世紀への対話』（池田・トインビー対談）が出版された。馬氏も長い列に並んで買って読んだ。そこで語られている人類の未来へのビジョンこそが、経済開放政策という社会の変化のなかで揺れていた馬氏の崩れぬ価値観の骨格をつくったのだという。

なにより、21世紀に入ってすぐの中国の新しい指導者となった胡錦濤氏自身、１９８５（昭和60）年に中国青年代表団の団長として来日しＳＧＩ会長と懇談しているのだ。そして、このとき中国の全青連と創価学会との間で青年交流の協議書が交わされたのだった。

胡錦濤氏は、その後もＳＧＩ会長との交流をつづけ、国家副首席に就任した１９９８（平成10）年に来日したときも、国家主席として２００８（平成20）年に来日したときも、ＳＧＩ会長と再会している。

両国の変わらぬ友好を築こうという周総理の願いは、ＳＧＩ会長の行動と思想を通して、確実に次の世代に受け継がれているのである。

イデオロギーを超えて

ゴルバチョフ
初代ソ連大統領
との対話

池田大作
SGI会長

Groundbreaking
"Dialogues for Tomorrow"
平和への対話

1990（平成2）年7月27日。モスクワは、ぬけるような青空だった。この日、2人のヒューマニズムの巨人がはじめて座を共にした。

ゴルバチョフ大統領は語った。

「以前から、よく知っている者同士が、今日やっと直接あって、はじめての出会いを喜びあっている——私は、そういう気持ちです」

その思いは、SGI会長も変わらなかった。

SGI会長にとって、5度目のソ連（当時）訪問だった。クレムリンの雰囲気が、以前とまったく違うことに気づいていた。かつての重々しい空気に代わって、若々しい新時代の軽やかなエネルギーに満ちていた。

SGI会長が、大統領が進める改革に心からの共感を述べると、

「ペレストロイカの『新思考』も、池田会長の哲学の樹のひとつの枝のようなものです」

と、大統領は言葉を返す。

2人の対話は短いモスクワの夏のさわやかな風のように、とどまるところを知らなかった。

人びとの心に息づく〝平和への意思〟

ＳＧＩ会長の第1次訪ソは、１９７４（昭和49）年9月のことだった。当時、日本にとってソ連は、はるか遠い〝見えない国〟だった。

それはソ連側も同じで、モスクワ大学の招へいという形をとったものの、一行を受け入れるソ連側は戸惑いと警戒を隠せなかった。

しかし、モスクワ空港に降り立ったＳＧＩ会長は〝人間〟そのものだった。その行動は、いつもと変わらなかった。川で釣りをしている老人を見れば、スタスタと近寄り、「おじいさん。幸せですか」と声をかけた。公園で遊んでいる子どもたちとも、噴水の前で休んでいる婦人とも話をはずませた。そんなＳＧＩ会長の振る舞いに警戒心も氷解していった。

最終日のコスイギン首相との会談。首相は「あなたの根本の思想は何ですか」と、聞いた。

すかさず、ＳＧＩ会長は、「平和主義、文化主義、教育主義、そしてその根本は人間主義です」と、答えた。瞬間、首相のなかに、ＳＧＩ会長への信頼が生まれた。

「ソ連は核兵器を使う意思があるのですか」と言うＳＧＩ会長の問いにも、「ニエット（ない）」と明言し、核全廃への思いも語った。

〝ソ連の人びとの心には「平和への意思」が息づいている〟

ＳＧＩ会長は、そう思った。

ソ連では3年にわたる対独戦で、2千万人を超える人びとが犠牲になった。夫を亡くした婦人にも、子どもを亡くした老人にも出会った。

数十万人の市民が葬られている、レニングラード（現　サンクトペテルブルク）のピスカリョフ墓地の記念資料館には、11歳で犠牲になったターニャという少女の日記が展示されていた。

「1942年1月25日3時、おばあちゃんが死んだ」「3月17日午前5時、兄が死んだ」「5月13日朝7時半、ママが死んだ」……

淡々と事実を記しただけの日記の前で、クギづけになった。

〝これほど戦争の爪痕を多く残しているソ連の人たちが、戦争を望んでいるはずがない〟

SGI会長の確信だった。

イデオロギーの大国・ソ連でも、人間性の回復と、軍縮・平和の方途を模索しているのだ。SGI会長は、その思いで、訪ソのたびにチーホノフ首相、ルイシコフ首相など歴代の首脳と対話を積み重ねてきた。そして、ゴルバチョフ大統領の時代を迎えたのだった。

ペレストロイカは〝人間回復〟の闘い

「スターリン時代に幼少のころを過ごした私たちは、『自由』というものを渇望し、崇拝したのです。人びとが自分の運命を自分で決められるようになることを、夢に描いていたのです」

と、ゴルバチョフ大統領は語った。

その民主化の大いなる改革は、まさに社会に人間性を取り戻すための闘いだった。

１９８５年3月。共産党書記長になると、自らの人間主義にしたがって改革を断行しはじめた。翌86年1月には、核保有国の責任として、20世紀中に核廃絶をするという「ゴルバチョフ宣言」を発表した。それは、核の脅威に支えられた冷戦構造を、21世紀まで持ち越してはならないという人類史的観点に立った宣言だった。

多くの国々がその真意をはかりかねているなかで、ＳＧＩ会長は、「世界で唯一の被爆国の国民として、宣言に心から賛同を惜しみません。最大の支援をしていきます」と、いち早く談話を発表した。ソ連の民衆の平和を求める心を信じていたからだった。

それが、ソ連の『新時代』という雑誌のトップを飾ったのだ。ゴルバチョフ書記長は、ＳＧＩ会長の存在を、強い関心をもって認識した。

池田ＳＧＩ会長は、その言葉どおり、翌87年に、モスクワで「核の脅威展」を開催した。こうしたＳＧＩ会長の行動は、書記長に冷戦終結に向けての大きな勇気を与えた。

そして１９９０年、書記長は、大統領制を導入し、初代大統領となった。しかし、国内には大きな反動の力も働いていた。そんななかで、ようやく２人の会見が実現したのだった。

ＳＧＩ会長は、大統領が進める民主化政策の発想の原点に、人間にとって最も大切なものは何かという問いかけがあることを、鋭く見抜いていた。人間の善性を信じて、どこまでも人間の精神に価値を置きつづけようとする点で、両者の思想は共通していた。この会見で、大統領は、自らの政策にさらなる自信を得た。

友情こそを残したい

会見の翌年（91年）、夏のクーデターに端を発した政変によってソ連は解体する。

大統領を辞した氏に、世界中がゴルバチョフの役割は終わったと思った。そのとき1枚のファックスが届けられた。

「あなたの人生の本舞台は、これからです」

ＳＧＩ会長からの最大のエールだった。ＳＧＩ会長は権威や肩書きをはずしたひとりの人間として、ゴルバチョフ氏を見つめていた。

１９９９年、ライサ夫人が急性白血病で逝去した日には、心からの長文の弔電を打った。令嬢が来日したときも、渾身の激励を繰り返した。

社会や時代が変化しても、決して動じない友情こそを残していきたい――。それが、いつも変わらないＳＧＩ会長の願いだった。

そんな友情に支えられ、国という枠組みからも解放されたゴルバチョフ氏は、初代の環境保護の国際ＮＧＯ・グリーンクロスインターナショナル会長として活躍。地球を舞台に縦横無尽の活動を広げた。

人権闘争の道

マンデラ

南アフリカ共和国大統領

との対話

池田大作

SGI会長

Groundbreaking
"Dialogues for Tomorrow"

平和への対話

♪オリサッサ・マンデラ
自由は　あなたの掌中にある……

1990（平成2）年10月31日。聖教新聞社の玄関を、500人の若者の歌声が包み込んだ。

投獄27年半、1万日にも及ぶ獄中生活を闘い抜いた、南アフリカの人権の闘士の訪問を心から称えたのだった。

ANC（アフリカ民族会議）のマンデラ副議長は、歌声の中、満面に笑みをたたえながら進んだ。SGI会長は、〝民衆の英雄〟を、最大の敬意をもって迎えた。

このときの若者たちの瞳の輝きほど、マンデラ副議長の心をとらえたものはなかった。彼らのような青年の育成こそ、副議長が自国で実現しようと決意していた理想だったからだ。

マンデラ氏は、満面に笑みを浮かべ語った。

「池田SGI会長は、わが国でもよく知られております。人類の『永遠の価値』を創り、その価値で人びとを結びつけている。啓発と力と希望の源泉です。日本に行ったら、ぜひお会いしたいと思っていました」と。

21世紀は必ずアフリカの世紀に

SGI会長のアフリカに対する思いは深い。

1960（昭和35）年、ニューヨークの国連本部を訪れ、本会議場などを見てまわった。そのとき、独立したばかりのアフリカ諸国の代表たちの自信に満ちた生き生きとした表情がとても印象に残った。

「21世紀は、必ずアフリカの世紀になるよ。その若木の成長を世界はあらゆる面から支援していくべきだ」

と、同行のメンバーに語った。

以来、SGI会長は、アフリカの国々との交流を重ねてきたのだった。その思いの奥には、21世紀をリードする〝平和のアフリカ合衆国〟への期待があった。もちろん南アフリカのアパルトヘイト（人種隔離政策）についても、1日も早い解決を願っていたひとりだった。

アパルトヘイトは、圧倒的多数の黒人に対し白人支配を徹底させるために生まれた政策である。さまざまな法律によって黒人の権利が規制された。黒人は、住む場所も、職業も、教育を受ける権利も制限されていた。参政権もなく、身分証明書を持っていなければ自由な外出さえもできなかった。

ＡＮＣは、ガンジー主義を掲げ非暴力で黒人解放運動をつづけてきた。そのリーダーがマンデラ氏だった。政府は、ついに60年、非常事態宣言を出しＡＮＣを非合法化した。氏は、62年に逮捕され、終身刑の判決をうけた。

秘密警察による黒人の逮捕、拷問が相次いだ。密告者も暗躍し、黒人のなかには不信が渦巻いた。黒人同士で悲惨なリンチも行われた。若者たちは未来に希望をもてなかった。「南アフリカは変わらない」という無力感が蔓延していた。

しかし、そうしたなかで黒人たちの「希望」となったのは、獄中にいるマンデラ氏の存在だった。劣悪な食事、看守の暴力、毎日繰り返される重労働……。後に自ら「1時間が1年のようでした」と語ったほどの獄中生活のなかでも、氏は決して屈せず、闘いをつづけてきたのだ。獄中での不屈の闘いは、なんと27年半にも及ぶ。そのマンデラ氏の姿こそが、黒人たちを鼓舞し、あきらめない勇気を生みだしたのだ。

開かれた対話は人種の壁をも超える

ＳＧＩ会長は、マンデラ氏の闘いは、たんに南アフリカ一国の問題ではないと考えていた。

すべての「人間」の尊厳を懸けた闘いだという思いが強かった。しかし、それを自覚していない日本人のいかに多いことか――。

ＳＧＩ会長は、〝人権後進国〟である日本こそが南アフリカに学ばなければならないという気持ちで、教育交流や反アパルトヘイト展の開催などをマンデラ氏に提案した。

そのＳＧＩ会長の誠実さは、氏の心を深く揺り動かした。人間が人間に対して、どこまで残酷になれるのか。南アフリカのアパルトヘイトは、ホロコーストと並ぶ、その忘れられない歴史の一つに違いなかった。

マンデラ氏は、「わが国の現状の混乱を解決する道は、何だと思われますか」と、聞いた。

ＳＧＩ会長は、「とにかく黒人も白人も話し合うことです。心を開いた対話は、人種を超えて団結を生みます」と、答えた。

氏は、帰国後、デクラーク大統領（当時）と対話を重ね、ついに１９９１年、アパルトヘイトは撤廃された。

翌年、来日したデクラーク大統領はＳＧＩ会長と会見し、「私は、世界の運命を決めるのは哲学者であると信じております。その意味で、日本の著名な哲学者である会長を表敬訪問したのです」と語った。それは新生・南アフリカ誕生への貢献に感謝する言葉にほかならない。

南アフリカを「虹の国に」

新生・南アフリカの初代大統領となったマンデラ氏の悲願は、南アフリカを「虹の国に」することだった。白人や黒人、アジア人などの区別なく、どんな人も平等に暮らせる社会を築こうとしていた。

しかし、制度としてのアパルトヘイトは撤廃できても、人びとの中にある差別感情や憤りといった〝心〟まで転換できるのだろうか。多くの黒人は、家族を、友人を、無残にも白人に殺されてきている。その憎悪を捨て、お互いの人権を認めていくためには、根底からの意識変革が必要だった。

はじめての会見で、SGI会長は、仏法の根源的な平等観を語った。マンデラ氏は、そのとき、SGI会長の人間教育に貫かれている偉大なる思想の存在を知った。

その対話を通して、マンデラ氏は、教育こそが人間の内面を変え、人間を解放していく〝武器〟になることを改めて確信した。南アフリカを「虹の国に」という理想は、若き後継者ムベキ大統領に引き継がれていった。アパルトヘイトが撤廃された後も、南アフリカの現実は厳しい。だが、ムベキ大統領は、マンデラ前大統領の志を「アフリカ・ルネサンス」という理想に託し、全力で闘っていった。

SGI会長は、副大統領時代から交友のある若き大統領に、「理想を支持します。いな、一緒に戦います」と、最大の励ましを送った。

2002年7月。ムベキ大統領やナイジェリアのオバサンジョ大統領（当時）などが提唱し、アフリカ各国の統合を強めるため、アフリカ連合（AU）が発足。SGI会長が願う〝平和のアフリカ合衆国〟への一歩が踏み出された。

本書は池田SGI会長の諸著作物を元に構成し、他に『池田大作論』（央忠邦著、大光社）、『若き池田大作』（二反長半著、集英社）、『ざくろの詩』（あらやゆきお作、鳳書院）等を参考にしました。

本書は『PUMPKIN VISUAL BOOKS』を
一部加筆修正し、
さらに読みやすく編集しました。

新装普及版
池田大作SGI会長　平和への対話
2015年11月18日　初版発行
2024年 1月26日　3刷発行
発行者　南 晋三
発行所　株式会社 潮出版社
〒102-8110
東京都千代田区一番町6 一番町SQUARE
電話　03-3230-0781（編集）
03-3230-0741（営業）
振替口座　00150-5-61090
印刷・製本　株式会社暁印刷

ISBN978-4-267-02010-0 C0095

www.usio.co.jp